오늘은 내가 주인공이 된다

인문학 시인선 026

오늘은 내가 주인공이 된다
김지수 첫 시집

제1쇄 인쇄 2025. 2. 15
제1쇄 발행 2025. 2. 20

지은이 김지수
펴낸이 민윤식
펴낸곳 인문학사

등록번호 제 2023-000035
서울시 종로구 종로19(종로1가) 르메이에르빌딩 A동 1430호
전화 : 02-742-5218

ISBN 979-11-93485-22-4 (03810)

ⓒ김지수, 2025
Printed in Seoul, Korea

*잘못 만들어진 책은 본사나 구입하신 서점에서 교환하여 드립니다.
*이 책은 저작권법에 의해 보호받는 저작물이므로 저작자와
 출판사의 서면동의 없이는 무단 전재와 무단복제를 금합니다.

인문학 시인선 026

김지수 첫 시집
오늘은 내가 주인공이 된다

인문학사

시인의 말

"오늘 밤에 시 읽고 자요."

하루 종일 화내고 울고 싸우는 장면을 연습하는 연기 지망생들과 일이 풀리지 않아 힘들다고 찾아오는 상담자들에게 잠자리에 들기 전에 시를 읽으면서 고단함과 외로움과 억울함을 씻어내고 원래의 내 모습으로 돌아오라고 당부합니다. 자고 일어나 보니 하루아침에 주인공이 되었다는 바램이 이루어지질 바라면서요.

"선생님의 시는 어디 있어요."

시 읽고 싶은 사람들이 "선생님의 시는 어디 있어요"라고 물으면 "시 쓰면 보여 줄게요" 하고 약속을 한 지 여러 해가 지났습니다. 더 이상 미루면 안 될 것 같아서 흩어져 있던 시어를 모았습니다. 시를 쓰면서 웃다가 울다가 참, 행복했습니다.

여러분도 시와 함께 인생의 무대에서 오늘은 주인공이 되어 상상해 왔던 모든 꿈들이 이루어지는 기분 좋은 하루를 보내길 바랍니다. 감사합니다..

　　　　　　　　　　2025년 봄을 기다리며
　　　　　　　　　　김지수

c o n t e n t s

005 시인의 말

제1부 – 오늘은 내가 주인공이 된다

012 시로 쓰면
013 눈사람
014 열꽃
015 국수
016 꽃다발
018 오늘은 내가 주인공이 된다
019 혼자가 아니야
020 푸른 노래
021 뒷모습
022 택배
023 설연화

제2부 – 엄마와 시

026 우수
027 목련
028 종로의 봄
029 비빌 언덕
030 오지랖
031 봄바람
032 틈
033 꽃멍

034 보기만 해도 기분이 좋아
035 초상화
036 꽃잎 편지
037 노란 웃음
038 흐린 날
039 파이팅
040 여유를 파는 데 어디 있나요
041 봄날은 간다
042 가족의 향기
044 엄마와 시
046 빙빙빙

제3부 – 누구에게나 비는 내리고

048 푸른 오감
049 운수 좋은 날
050 이스랏
052 봉숭아
053 그리움을 담아
054 여름 나비
055 반창고
056 누구에게나 비는 내리고
057 옥수수
058 운동화

059 아름다운 손
060 기다림
061 수제비
062 물 없는 커피
063 정동극장
064 나무 의자
065 여름날의 기도

제4부 – 바람을 모으는 여자

068 찬바람이 불면
069 달 하나 갖고 싶다
070 바람을 모으는 여자
071 목멱산의 연인
072 한글 줍다
073 선생님 별로예요
074 가을 수선집
075 영국사 은행나무 여행
076 어른은 금지
077 모과
078 그대여
079 깡통을 찬다
080 타화상
082 낙엽
083 때문에

084 뺄셈
085 코끼리와 새의 깃털 무게는 같다
086 소녀의 편지

제5부 – 십이월의 독백

090 바로 나
091 시장통 아이
092 고구마를 굽는 법칙
093 검은 눈, 물
094 안경
096 검정 털신
098 꼭대기
100 마지막 버스를 기다리며
101 커튼콜
102 지하철역에서
104 겨울 그대 손을 꼭 잡고
105 십이월의 독백

평설
107 새롭지 않은 새로움, 낯설지 않은 낯설음, 그리고 응원의 메시지가 매력이다/민윤기

124 축하의 말/고용석 홍찬선

제1부

오늘은 내가 주인공이 된다

시로 쓰면

다만, 당신은
아프지 말아요
힘들지 말아요

볼 수는 없고
들을 수 없으니
이렇게 시로 쓰면

혹시나
당신 편해질까 싶어서
꼬인 일도 풀어질까 싶어서

건강하세요
행복하세요
꿈을 향해 달려요

당신을 위해 기도합니다

눈사람

오늘은 되는 일이 하나도 없었다
기분 안 좋아 땅만 보고 걷다가
눈이 커졌다
눈사람을 만났다

그래, 너 하나면 됐다

열꽃

열꽃 피고 목소리 갈라진다는
엄살에 약국으로 뛰어가서
사다 준 약병을 보자
안 먹어도 그냥 다 나을 것 같은데
오래도록 열나고 싶은 마음은 왜일까

고마워서 더 아프고 싶다

국수

그리움의 깊이
더 길게 늘이고 늘여서
국수 가락 만들어

넉넉한 정성 담은 육수에
하얀 면을 삶아
미소 고명 얹어

외로움에 배고픈
그대에게
국수 한상 차려주고 싶네

하고 싶은 말이 많은
그대의 허한 속을
든든하게 채워 주고 싶네

그대여
사랑 가득한 국수
아주 맛나게 드시고
고독한 세상 웃으며 사세요

꽃다발

졸업식
입학식
생일날

모두가 축하해 주는 날
한 아름의 꽃다발이 되자

친구를 위해
가족을 위해
당신을 위해

누구한테라도
축하받아야 마땅한 날
누군가는
오히려 슬픈 날이 된다고 한다

시간이 없어서
사람이 없어서
돈이 없어서

없는 사람은
무슨 무슨 날이 더 싫다고 한다

빨간 장미꽃
하얀 안개꽃
초록 이파리

한 아름의 꽃다발이 되어
오늘이 제일 좋은 날이라고
마음껏 축하해 주자
함께 기뻐해 주자

오늘은 내가 주인공이 된다

언제 등장해야 하는지
모르고 나타난 무대 위
초보 배우인양

당황한 얼굴에
하얀 분칠을 해주며
네가 주인공이야
속삭여 주는 바람의 응원에

오랫동안 연습해 왔던
대사를 멋지게 표현하고
춤추고 노래 부르며
내 세상을 만난 듯

오늘은 내가 주인공이 된다

혼자가 아니야

햇빛을 등지고
떨고 있는 자작나무를
가만히 안아 줍니다

매서운 바람을 맞아
흐느끼고 있는 저녁노을과
함께 울어 줍니다

안아 준다고
울어 준다고
상처가 낫는 것도 아니고
문제가 해결되는 것도 아니지만

심장 뜨거워집니다
세상 든든해집니다

혼자가 아니라서

푸른 노래

파도야
파도야

뭍으로 오르려
철썩거리는

하얀 포말이
그리는 얼굴들
맴도는 그리움 덩어리

해안가 어디에 숨겨두고
잃어버린 기억들의
조각이 사라지기 전에

떠나지 못하는 파도의 슬픈 사연은
바위에 부딪혀 세월에 깎이어

푸른 노래가 되어라
하얀 전설이 되어라

뒷모습

어떤 이는 슬퍼 보이고
어떤 이는 편해 보이고

앞모습이 보이지 않아도
어떤 감정인지 알 수 있다

누군가는 힘들어 보이고
누군가는 행복해 보인다

어떤 건 숨겨지기도 하지만
어떤 건 숨겨지지 않는 것도 있다

눈 오고 바람 부는 날에는
뒷모습이 더 적나라하게 드러난다

우리의 뒷모습이
처져있지 않고 구부정하지 않고
편하게 따뜻하게 보이기를 바라며

택배

편리해진 핸드폰 선물 보내기로
쉽게 배달되어 온 귤 상자 안에는
고마운 사람들의 열두 달 애달픔이 담겨 있다

귀퉁이 찢긴 누런 박스 열어보면
울퉁불퉁 어깨를 맞대고 있는 못난이 귤들
손끝에서 제주도의 향이 묻어난다

썩은 귤 골라내며
"미안해요"
고개 숙이고
시원한 맛에
"맛있어요"
손뼉 치며
껍질과 함께
달콤한 정情이 쌓여간다

설연화*

"우리 모두는 아프다."

삼켜야 하는 알약의 개수만큼
자기만 생각하고
주삿바늘처럼 일방적일 수밖에 없어서
이기적이다

그러니까 이해해 줘야지

통증의 시간마다
살얼음을 깨고 피어나는 설연화가
향기 나는 봄날을 꿈꾸듯
나를 내려놓아도 존엄성을 지킬 수 있도록

더 안아 줘야지

나를 아프게 하는 것들을
결코 이길 수 없음을 안다
우리 모두는 다 아프고 아프고 아프다가
결국은 흙으로 돌아가야 하니까

더 많이 사랑해 주는 수밖에

*설연화 : 복수초

제2부

엄마와 시

우수 雨水

얼음이 녹아
비가 내리는 날에

얼어붙은 우리들의
근심 걱정도
같이 풀어져

신나게
즐겁게
일어서길 바라요

우리 마음 녹아
일어서는 날에

어두운 흙더미 속의
작은 씨앗도
함께 깨어나

행복의 꽃
희망의 꽃

예쁘게
멋지게
피어나길 바라요

목련

맑고 깨끗한 꽃봉오리
하늘에 점찍듯 맺혔다가
바람결에 활짝 피어나는
나무에 피는 연꽃

잎이 나오기 전에
꽃봉오리 먼저 피어나며
봄을 알려 주는
하얀 목련 꽃

철부지 여고시절
매일 아침 교문 앞에서
제일 먼저 맞아 주던
반가운 꽃

소담스러운 목련과
내 웃음이 하얗게 닮았다던
봄날의 선배는
어디에서 꽃구경하고 있으려나

목련이 질 때면
철부지 여고시절도 떠오르고
슬픈 눈빛의 선배도 생각나고
또다시 봄은 오고
그 시절은 멀어지고

종로의 봄

종로의 봄은 더디게 온다
바쁘게 지하철로 내려가느라
계절을 잃어버린 게 아니라
웃지 않는 사람들이
많아졌기 때문이다

종로의 봄이 쓸쓸한 건
정신없이 빌딩으로 올라가느라
꿈을 놓쳐 버린 게 아니라
타인을 위해 우는 사람이
적어졌기 때문이다

종로의 봄을
깨우기 위해서는
꽃샘바람이 거세게 불어와도
서로 맞잡은 손을 놓지 말고
함께 걸어가야 된다

걸음 걸음마다
연두색 웃음을 머금고
연분홍 꽃빛으로 하나가 되어야 한다
서로를 걱정하는 눈길은
종로의 숲을 푸르게 한다

비빌 언덕

새순 나왔다고
봄꽃 피었다고
제일 먼저 알려 주고 싶었을 뿐

다 알고 있어도
다 보고 있어도
또 말해 주고 싶었을 뿐

이 봄에는
누군가가 또는 무엇이라도
당신의 비빌 언덕이 되길 바랄 뿐

오지랖

새봄
볕이 좋으니
우리를 위해 기도할게요

아프지 말고
일도 열심히 하고
용기 내어 도전도 잘하고

내 맘 아는 사람도 만나고

우리의 시간들이
따뜻한 봄볕이길 바랍니다

외로워하는 이를
괴로워하는 그를
힘들어하는 우리를

위로받고 싶은 자신을

모른 척할 수도 있지만
남 일 같지 않다는 오지랖으로
살펴주고 보듬어 주는

우리의 하루하루가
괜찮은 봄날이길 바랍니다

봄바람

봄바람은 따뜻하다

목을 감고 등을 따라
허리를 감싸 도는
바람의 결은 따뜻하다
느닷없이 부는 시샘에
차가워진 몸을 데워 주는
나만 아는 연인의 손길처럼

봄바람은 친절하다

얼굴은 물론 가슴 밑바닥까지
맺힌 눈물방울을
닦아주는 바람은 친절하다
세상살이 지친 창백한 마음에
네 편이다 보듬어 주는
내 맘 아는 연인의 눈길처럼

틈

속이 상해
고개 떨구며
걷던 길에

돌 틈 사이에서
만난
작은 풀잎

잎도 있고
꽃도 피고
있을 것 다 있네

내 마음속
좁은 틈에도
꽃씨 하나 들어오길….

꽃 멍

꽃 한 송이 찾아낼 때마다
미소 한 잎 반짝이네

혹여 부서질까 살살 만져 보는
동그란 눈빛

어쩜 보드라운 감촉에
아무 생각도 안 나네

내 얼굴의 눈물자국도
어느새 지워졌네

하늘 가던 바람도
꽃에 취해 한동안 멈춰 서 있네

보기만 해도 기분이 좋아

그대의 파란 눈빛은 하늘
그녀의 웃는 얼굴은 바다

꽃을 보듯
시를 노래하듯
보기만 해도 기분이 좋아

숨결 나누고 발걸음 맞춰
언덕 넘어 별 보러 가는 길
걷기만 해도 노래가 흘러

어제 보다 나은 오늘
오늘 보다 밝은 내일
생각만 해도 기분이 좋아

초상화
―반영섭 화백에게

작년까지는
괜찮았는데
봐줄만 했었는데
잃어버린 내 표정은 어디로 갔을지

구겨진 얼굴 사이로
시간이 흘러가고
무표정한 감정 속에
멀어진 사람들은 어디에 있을지

거울 보기 싫어졌는데
웃는 것도 하기 싫었는데

어쩜 그렇게
예쁘게 그리셨을까
내 얼굴에서
처음 보는 모습이다

봄바람에
꽃향기 불어오니
그림처럼 선물처럼
얼굴 펴고 웃어 보리

꽃처럼 피어나리
봄날은 계속 되리

꽃잎 편지

일기장 속에 몰래
숨겨놓은 사람들의 안부를 묻는다

지나가는 바람결에
"잘 지내나요?" 소식 전하고

부드러운 꽃길 걸으며
"건강하세요." 기도하고

다정하게 걸어가는 연인들의 뒷모습에
"내년엔 같이 걸어요." 고백한다

그러나 정작 하고 싶은 말은
적지 못했다

어떤 단어로도
부족하지만

그대, 마음 무거울까 봐
작은 꽃잎 하나 끼워 보낸다

죽도록 미운 사람에게
죽도록 보고 싶은 사람에게

노란 웃음

동네 입구에서 웃었는데
아이들 놀이터에서도 웃고
낡은 의자 밑에서 또 웃고

언덕길
새로 생긴 나무계단 옆에도
어느새 먼저 와 옹기종기
사이좋게 웃고 있다

돌 틈 사이
노란 꽃 잎 하얗게 웃으며
민들레 꽃씨
날아갈 준비를 한다

어릴 때 동무들과
함께 민들레 꽃씨 불며
놀던 때가 생각나

내 얼굴에도
노란 웃음이 배시시 피어난다

흐린 날

흐린 날에는

맑은 날에
맡지 못했던
꽃내음이
진하게 다가옵니다

눈이 부셔
제대로 보지 못했던
저녁노을이
찬란하게 빛이 납니다

흐린 날에는
너의 웃음이
신나는 노래처럼
우리를 행복하게 합니다

파이팅

참 잘하고 있다고
참 열심히 하고 있다고
나한테 박수를 쳐 주세요

마음이 불안한 건
실력이 부족해서가 아니라
꿈이 너무 간절하기 때문이에요

지금 잘 안 된다고 속상해하지 말고
내일도 안 될 거라고 걱정하지 말고
연습한 만큼 성공할 수 있다고 믿어 주세요

성공한 자신의 모습을 상상 하면서
잘 해내고 있다고 칭찬을 해 주세요
자신한테 파이팅을 외쳐 주세요

여유를 파는 데 어디 있나요

강릉 사시는 시인께
여쭤봤더니
찾으면 알려 준다고 했다

몇 날 며칠을 기다리다가
그런 게 있을 리 없다는
다잇소 점방의 김빠지는 소리에

있다고
찾을 거라고
없으면 만들 거라고!!
대꾸하지는 못했다

내리막길 걷고 또 걸었더니
햇살 한 줌이 계속 따라온다
어디까지 오나 봤더니
구겨진 종이컵에 들어앉았다

새끼발가락 언저리에서
부풀어 오른 욕심을 터뜨리고 앉아
음미하는 한 모금의 햇살에
명지바람이 분다

아, 여유는 잠깐이라서
살 수가 없겠구나

봄날은 간다

보고 싶다고
좋아한다고
미처 말도 못 꺼냈는데
아랑곳하지 않고 봄이 떠난다

간지러운 꽃바람에
눈치 없이 가슴 설렌
연분홍 노랑 꿈도

다가서지 못할
부질없는 꿈이었을까

약국이 천지인데
그리움 달래는 약은 없는지
차가운 그대 같은 비가 내리고

꽃구경 가자던
약속이 언제였나

꽃잎은 바람에 날리고
봄비에 흩어지며
속절없이 봄날은 간다

가족의 향기

양손 가득 짐 들고 오시는
아버지의 짧은 머리에서
땀방울이 흐른다
"괜찮아." 웃으며
흐르는 땀을 쓰윽 닦으신다
나는 아빠의 시큼한
땀 냄새가 좋다
따뜻해서 참 좋다

부엌에서 일하는
엄마의 옷에서는
여러 가지 냄새가 난다
"배고프지?" 웃으며
앞치마에 손을 닦으신다
나는 엄마의 음식 밴
쿰쿰한 음식 냄새가 좋다
행복해서 참 좋다

낡은 사진 속 아버지의 얼굴은
흐릿해져서 잘 보이지 않고
젊은 엄마와 어린 나는

하얗게 바랜 얼굴로 웃고 있다
가만히 사진 냄새를 맡아 본다
아무 냄새가 나지 않는다
울컥해서 눈물이 멈추지 않는다
아주 오랫동안 그렇게
가족의 냄새는
눈물의 향기가 되었다

엄마와 시

시 읽어 줘야 돼

수술하고 나면
뭐해드릴까요 여쭤 보니

시 읽어달라고 하시는
엄마

아픈 얼굴에서
환하게 웃고 좋아하시는
표정을 보니

시가 참 좋아요

천천히 읽어 줘
감정도 넣어야지
잔소리가 참 좋아요

아픈 소리만 하다가
시에 대해 이야기하면서
어린아이처럼 좋아하시니

죄송한 마음이 듭니다

미워하고 싫어하고
화내고 싸우고 편가르고
안 좋은 일만 하다가
시 앞에서 부끄러워집니다

빙빙빙

시간 지나고
계절 바뀌며

보고픈 사람은
그리운 사람은

더 생각이 나지요

눈물 흘릴 건 울어대고
웃음 지을 건 웃어대고

미뤄 두었던 일 시작하고
맺지 못한 마음 정리하고

아쉬운 많은 어제와
호기심 가득한 오늘이

쉼 없이 돌아갑니다

제3부

누구에게나 비는 내리고

푸른 오감

잔디밭 앞에 서서
숨 한번 고르고
하얀 운동화를 벗는다

맨발은 상처투성이
까치발 들고
조심조심 걸어가야지

발가락 사이로 밀려오는
풀들의 따가움은
오감을 깨운다

생각을 멈추고
말을 줄이고
눈을 감고

잔디와 하나가 된다

걷고 또 걸으면서
나는 자유로워진다

운수 좋은 날

꼭 그런다
어디 가기로 약속하면
비가 내린다

신경 썼지만
우산은 잃어버리고
버스는 늦게 온다

비 맞은 모양새
어색하고
춥기까지 한데

환하게 반겨 주고
예쁘다 말해 주고
우비까지 입혀 주고

내리는
빗방울만큼
운수 좋은 날이었다

이스랏*

"뭘까요?"
"어?"
"맞춰봐"
"오디!"
"아니"
"송충이?"
"엥?"
"음… "
"…"

호기심 가득한 눈에
주먹 쥔 손을 열어 보인다
이스랏 세 알

계절 빠르게 이스랏을
맛볼 줄이야
입 안 가득 기쁨이 고인다

한 알은 시고
한 알은 떫고
한 알은 짜다

재미난 맛이다

초여름 주먹손으로

장난스런 여름이 시작되었다

*이스랏 : 앵두

봉숭아

봉숭아 꽃잎 손톱에 물들이고
첫눈 올 때까지 남아 있으면
첫사랑이 이루어진다는 말을
철석같이 믿었다

기타치고 노래하는 모습에 반해
공부도 잘할 거라는 상상을 하고
농구까지 잘한다는 소문에
진짜려니 하고 설렜다

손톱 끝 쳐다보며 여름 보내고
가을 보내고 겨울을 맞이했다
선배는 눈이 큰 언니랑
손을 잡았다는 풍문이 돌았다

순진하게 기다렸는데
바보라고 놀리는 친구들 말에
괜히 말해서 이루어지지 않았다며
오랫동안 토라져 있었다

그 여름밤은 다시 오고
옛날 선배 목소리는 기억도 안 나고
어디에서 다쳤는지 알 수 없는
붉게 멍든 손톱이 아파온다

그리움을 담아

하루를 살다 시드는 나팔꽃도
백일을 피었다 지는 백일홍도

여름에 피고 지는 꽃들은
다 아름답다 말하리

매미 소리에 귀 기울여 주는 해바라기도
귀뚜라미 노래에 마음 써 주는 무궁화도

다 소중하다 말하리

햇빛에 활짝 피는 능소화도
별빛에 빛이 나는 옥잠화도

다 그리움에 피었다 말하리

여름 나비

뜨거운 햇빛에도
아랑곳하지 않고 날갯짓하는
자유로운 여름 나비가 있다

시끄러운 매미 울음도
조용히 들어주고 품어 주는
큰마음을 본받아야지

이 꽃 저 꽃 날아다니며
아름다운 열매를 만들어 내는
뜨거운 열정은 존경해야지

아름다운 날개를 활짝 펼치고
높이 나는 여름 나비를
사랑해야지

반창고

곪아 터지지 않게
보호하고 감싸 줘서 고마워요
덧나지 않고
잘 버틸 수 있게 해 줘서
고맙습니다

이제는 떼어내야 하는데
살과 하나처럼 딱 붙어 버렸어요
억지로 떼어냈다가는
더 아플 것 같아
그냥 놔두기로 했어요

내가 반창고인지
반창고가 나인지
구분이 안 되는 날이 오면

더 이상 아프다 하지 않으리
더 이상 미워도 하지 않으리

누구에게나 비는 내리고

양만 다를 뿐 누구에게나
비는 내린다

혼자 비 맞는다고
슬퍼하지 마세요
힘들어하지 마세요

내가 우산이 되어 줄게요

더운 날엔 부족하지만
양산으로도 사용하세요

비가 오나
눈이 오나
햇빛이 강하나

내가 우산이 되어 줄게요

나를 놓치지 말아요
나를 잃어버리지 말아요

옥수수

툭 건네준
하얀 봉다리 속
노란 옥수수

따뜻하다
맛있다
고맙다

한 입 가득 물고
그를 생각하다
앗, 입술을 깨물었다

운동화

맨 위 칸에 올려 둔
운동화를 꺼내
탁탁 호기심 가득 담아
보기 좋게 끈을 묶는다

고마운 사람은
다시 가지 않기로 한
그 길을 함께 걸어 주며
보폭 맞춰 주는 사람이다

멋있는 사람은
잘생긴 사람이 아니라
내 말을 잘 들어 주는 사람
내 곁에 오래 있어 주는 사람이다

행복한 사람은
상처가 없는 것이 아니라
상처는 많지만 스스로
치유할 줄 아는 사람이다

그치지 않는 여름비에
운동화는 젖어 오지만
함께 걷는 새 친구 덕분에
설레는 곳으로 여행을 떠난다

아름다운 손
−요양원에서

손 냄새를 맡아 보세요
혹시 발 냄새가 나시는 분 계실까요

발 마사지 봉사 후에는
손에서 고약한 발 냄새가 납니다
싫으시면 지금 나가셔도 됩니다

자 그럼 시작하겠습니다
세상에서 제일 보람 있는 봉사를
구겨지고 때가 묻어도
돈의 값어치는 그대로이듯
땀이 나고 냄새가 날수록

가장 아름다운 손이 됩니다

기다림

무언가를 기다리다 보면
나를 알아가는 시간이 된다
기다리지 못해 놓쳤던
과거의 시간들이
나를 성숙하게 한다

누군가를 기다리다 보면
나를 돌아보는 시간이 된다
넘치는 욕심을 잘라내며
겸손한 생각들로
나를 채우게 된다

수제비

엄마는
수제비를 좋아하시나 보다

하루 종일 밭일하고 돌아와
어린 자식들을 위해 밀가루 반죽
뚝뚝 떠서 금방 먹을 수 있는
수제비를 끓여주신다

밥이 먹고 싶은 막내는
국물 속에 떠 있는 하얀 반달과
초록별을 건져 올리고는
배가 부르다고 했다

어른이 돼서 무엇을 사 먹어도
외로움 고픈 어느 날

수제비 앞에서 웃다가 울음이 난다
이렇게 하고 저렇게 해봐도
어릴 적 먹던 그 맛이 아니다
엄마의 수제비가 먹고 싶다

나는 엄마가 보고 싶은가 보다

물 없는 커피

휴식 시간에
쉬지 못하는 한 사람이 서 있다

화장실 갈 시간도 없다
허기를 채울 무엇도 없고
할 일은 많고
배는 고프고
생각도 잘 떠오르지 않을 때
믹스커피 두 개를 뜯어
물도 없이 입안에 털어 넣는다

치아 사이에 붙은
달달한 가루를 녹이는 동안
다시 버틸 힘이 생긴다

물 없는 커피를 먹는다고
덤덤해지지 않는다
인생의 물기도 마르지 않는다
그저 참아내는 수밖에 없다
경험의 시간이 쌓인다고 해서
눈물을 감당하는 방법에
뾰족한 수가 있는 것도 아니다

잠시 올려다 본 하늘에
두 눈 가득 은하수가 반짝인다

정동극장

극장의 붉은 벽돌마다
관객들의 박수소리가 쏟아져 나왔다
배우들의 숨소리가 잦아들면
상상의 문은 열리고
가슴이 뛰기 시작했다

티켓 한 장만 사면
도시락도 먹고 공연도 보는
정오의 예술 무대가 펼쳐졌다

지루한 일상에서 벗어나
꿈꿔왔던 상상의 세계로 빠져드는 순간,
눈물짓고 있는 나를 보았다

일하고 사랑하며 예술을 하던
젊은 날의 우리들에게
"사느라 수고했다"고 말해 줄 걸…
돌담길 따라 여러 계절을 걸어왔을
너를 안으며 새로운 주인공을 꿈꾼다

나무 의자

나무야
앉았다 가자꾸나

누구 하나 웃어 주지 않고
마음 하나 알아 주지 않는
가난한 시간들을 견디느라
뿌리가 부풀어 올랐구나

나무야
쉬었다 가자꾸나

퉁퉁 부은 가지들 사이로
저녁노을이 다가오는구나
미움의 싹을 토닥여 줄
노래 하나 부르자꾸나

나무야
누웠다 가자꾸나

바람 잘 날 없는 하루를 잊고
다리 한 번 뻗어 보자
여기가 내가 쉴 곳이구나
내일은 웃음꽃을 피우리라

여름날의 기도

떠나가는 여름을 따라
나쁜 생각을 함께
떠나보냅니다

떠나는 계절이여
소심하고 나약한 마음을
데려가 주소서

다가오는 가을에겐
아무것도
바라지 않습니다

힘들어도 참고
어려워도 참고
괴로워도 참으면서

그저
웃어넘길 수 있는
마음 하나만 청해봅니다

제4부

바람을 모으는 여자

찬바람이 불면

찬바람이 불면
풍선 하나 떠오릅니다

"따뜻한 커피 한 잔 할래요?"
"얼큰한 우동에 소주 한 잔!"

찬 바람을 핑계로
보고 싶다는 마음을
은근슬쩍 드러내 봅니다

더 추워지는 날에는
두 손 꼭 잡고
거리를 걸어보는 상상도 합니다

하지만, 눈치 없는 그대
어디선가 센 바람 불어와
그의 머리카락을 흩트려 놓습니다

저 멀리, 풍선 백 개가 날아갑니다

달 하나 갖고 싶다

커다란 달 하나 걸어 둔
오늘 같은 밤에는

밝을수록 더 초라해지는
모양새가 안쓰러워
눈시울 붉어질 때

눈 마주쳐도
부끄럽지 않을
달 하나 갖고 싶다

모난 구석을 접고 접어서
둥그러질 때까지
기다려 줄 줄 아는 달 하나

열두 달 모양은 달라져도
진심은 변하지 않는
나만의 달 하나 갖고 싶다

늘 그 자리에 있건만
보이지 않는다고 믿지 못하는
어리석은 사람 말고

아무것도 없는 날에도
달빛 하나에 만족할 줄 아는
그런 사람 하나 알고 싶다

바람을 모으는 여자

한 발짝만 내디디면
까마득한 지상의 바닥으로
추락할 것 같은 청옥산
육백마지기 바람의 언덕에서

풀잎은 쓰러졌다 일어나고
들꽃은 피었다 지면서
하늘 한번 날아 보자는 마음
커다란 풍차를 일으킨다

도망치고 싶었던 순간의 절정에서
나를 찾는 메아리 하나
새로운 바람을
모으기 시작한다

목멱산의 연인

만질 수 없는
붉은 네가 거기 있었다

황홀하다는 말로는 차마
마음을 들킬 것 같아
억새 사이로 황급히 몸을 감추었다

갈바람이 다가왔다

보고 싶다는 말로는
모자라는
그리움의 흔적들이 밀려왔다

천삼백 리를 흘러 한강의 품에 안긴
너의 차가운 노랫소리에
나는 춤을 추며 뜨거워진다

한글 줍다

생각만 해도
따뜻해지는
좋은 말을
떠올려 보자

쉼
휴식
미소
웃음
시인
커피
대추차
고마워
미안해
잘못했어
괜찮아요
보고싶다
사랑해요
세종대왕
노벨문학상

한글날에
좋은 말을 줍고
희망을 담는다

선생님 별로예요

간사합니다
미어합니다
선생님 별로예요

중국 유학생들의 말은
들리는 대로 보지 말고
보이는 대로 들어 주세요

말은 서툴러도 뜻은 진심입니다
눈빛은 마음을 담아
손짓 발짓으로 표현하니까요

ㄱ ㄴ ㄷ ㄹ 가르치고
ㅏ ㅑ ㅓ ㅕ 배우면서
한국을 알아가고
중국을 이해합니다

한국에서 생활이 힘들어도
한국과 중국의 문화사절단이 되고
세계를 빛낼 예술가가 되기 위해
노래와 춤, 연기를 열심히 배우고 익힙니다

감사합니다
미안합니다
선생님은 우리의 별이에요
학생들은 우리의 꿈이에요

가을 수선집

파란 하늘 수선집으로
단풍이 찾아왔다

구멍 난 것은 깁고
망가진 것을 고치고
구겨진 것은 펴고
젖은 것들을 말리고

가을을 수선하면서
기쁨은 덧대고
슬픔은 꿰매고
고통은 나눈다

마당 하늘에 걸린
오색 단풍들이
한껏 예뻐진 모양으로
폭죽 꽃을 피운다

수선집 부산스러움으로
가을이 환하게 피어난다

영국사 은행나무 여행

귀찮다는
엄마를 모시고 길을 나선다

언제 또 떠날 수도 있겠지만
오늘의 영국사 하늘 구름
지금 아니면 볼 수 없는
얼굴이 흘러간다

하늘과 가까운 은행나무
바람을 모아 리본으로 묶고
아이들의 웃음소리
매달아 놓는다

은행 알알이 엮어 둔
천년 나비의 울음소리
희망의 노래가 되어
우리를 춤추게 한다

추억이 쌓인 노란 주단에
다시 온다는 약속을 새긴다

어른은 금지

아무도 없는 때를
기다려
어린아이 마냥
그네를 탄다

오르락일 때
크게 한번 웃고
내리락일 때
크게 한번 소리 지르고

동네 아이들
몰려와
놀이터가 금방
웃음바다가 된다

슬그머니 일어나
미끄럼틀을 타고 내려오다
푯말에 눈이 커졌다
어른은 금지!

모과

비가 그치고 난 자리에
물방울과 함께 빛나는 자리에
못생긴 열매가 맺혔어요

예쁜 꽃이 지고 난 그 자리에
상처의 꽃이 아픔으로 피어
달콤한 열매가 되었어요

힘든 만큼 기쁨은 두 배가 되고
참은 만큼 결실은 열 배가 되고
익은 만큼 보람은 백 배가 되고

사방에서 불어오는 바람이
내편 되어 감싸 주니
그동안의 설움이 사라집니다

그대여

깊은 눈동자를 가진
그대여

어째서 그렇게 아픈 미소를 짓나요
세상에는 아이들 웃음소리 넘치는데
나의 눈에는 슬픈 그대만이 보여요

마른 입술의
그대여

어찌 그리 젖은 노래를 부르나요
이 가을 푸른 하늘처럼 웃으시고
뭉게구름처럼 건강하게 보내세요

기다란 손가락을 지닌
그대여

어찌 그리 무채색의 그림을 그리나요
내리는 빗물에 걱정일랑 씻겨 보내고
빨주노초파남보 무지개처럼 행복하세요

깡통을 찬다

시기와 질투는 많고
가진 재주는 얕다
기본 상식도 없다

욕심으로 꽉 찬
빈 깡통이 요란하다
어딜 가도 시끄럽다

부끄러움도 모르고
자기만 잘 난 줄 안다
나는 아니겠지 돌아보다가

발길에 차이고 나서야
찌그러진다
그제야 조용해진다

타화상

처음 보는
타인을 통해 나를 발견할 때
많이 놀라기도 하지요

웃는 건지 우는 건지
도통 알 수 없는
비릿한 표정

내가 싫어하는
나의 모습을 보았을 때
그 충격은 말로 표현할 수 없습니다

숨기고 싶은
나의 밑바닥을 들킨 것 같아서
어디론가 숨고 싶어집니다

이대론 안 되겠어
변신을 해야겠어

거울을 보고
눈을 동그랗게 뜨고

입꼬리 올리고 어금니 보이게 웃어 보자

단어 선택도
최대한 고급지고 우아하게 말을 하고
고귀한 사람처럼 보이도록

속마음을
주머니 뒤집듯 꺼내어
깨끗하게 세탁해 봅니다

아무도
나의 원래의 모습을 알아볼 수 없게
감쪽같이 변장을 합니다

어때 괜찮아 보여?
사람들 속일 수 있겠지!!

낙엽

나의 슬픔은
너로 하여 시작되었다

노래지고
붉어지고
말라가고

아, 가을에
떠나야만 하는가

더 이상 따뜻하지 않은
너의 차가운 눈빛으로 하여
산산이 부서지고 만다

때문에

우리는

보고 싶은 것만 보기 때문에
중요한 것을 놓치고

듣고 싶은 것만 듣기 때문에
소중한 것을 잃어버리고

하고 싶은 것만 하기 때문에
특별한 것을 못하고

편한 대로 판단하기 때문에
귀한 인연을 놓치고는

후회한다

뺄셈

어릴 땐 그렇게 뺄셈이 싫었다
산수를 못 해서 그런 것도 있지만
왠지 손해 보는 것 같았다

심각한 일이야
생각을 빼봐. 가벼워진다

복잡해서 힘들어
감정을 빼봐. 쉬워진다

불편하잖아
마음을 빼봐. 편해진다

싸워야겠어
편견을 빼봐. 이해된다

할 말은 해야겠어
말을 빼봐. 내 편이 생긴다

놓치고 싶지 않은 누군가가 생기면
뺄셈이 더 낫다는 것을 알게 된다

뺄셈을 하면 내가 나다워진다

코끼리와 새의 깃털 무게는 같다

둘 중에
누가 더 가벼울까요
코끼리와 새의 깃털 중에

아니
미워하는 사람과
미움 받는 사람 중에

아니
사랑하는 사람과
사랑 받는 사람 중에

아니 아니 아니
용서하는 사람과
용서하지 않는 사람 중에

아무도 가볍지 않을 것 같아요
자기 몫의 무게가 있을 테니까

코끼리와 새의 깃털이
그리고 우리의 삶의 무게가
더 무거워지지 않길 기도해도 될까요

소녀의 편지*

오빠야 잘 있나
아부지 어무이도
건강하시고?

내는
여기가 어딘지 모른다
배가 아파가 잠깐 쉬면서

아프니까
가족이 더 보고 싶어서
편지를 쓴다

송충이보다 더 징그러운
일본군놈 들어오기 전에
얼른 써야 된다

가족들이 억수로 보고 싶다
하얀 쌀밥이 죽도로 먹고 싶다
한글을 배워 내 마음을 술술 쓰고 싶다

머리로 쓰는 편지가 아니라

종이에 쓰는 편지니까

내는 못가도 편지는 우리 집에 갈끼다

내는 가지 못해도

편지는 집에 갈 수 있을끼고

가족들은 편지를 내 보듯

눈물로 반가워해 줄끼다

머리 뜯겨 단발이라도

얼굴 맞아 멍들었어도

배가 불러 남산이라도

*"우리는 기억합니다-일제강제동원 희생자를 추모하며"
특별전 전시작

제5부

십이월의 독백

바로 나

아무도 없다고 느껴질 때
나를 생각하세요
내가 있잖아요
나는 당신의 편입니다

되는 일이 없어 괴로울 때
나를 기억하세요
내가 있잖아요
나는 당신의 동무입니다

억울해서 울고 싶을 때
나를 찾아오세요
내가 들어줄게요
나는 당신의 친구입니다

내가 좋아하는 당신이
내가 사랑하는 그대가
꿈을 이루길 바라는
나는 당신의 응원자입니다

이 세상이 없어진다 해도
마지막까지 곁에 있어 줄 단 한 사람
바로 나입니다

시장통 아이

"오가는 사람들 잘 봐"
시장통 입구
구멍가게 뒷문 의자에
거꾸로 누워 세상을 구경한다

구두쇠 아저씨를 따라온
아주머니의 바구니가 불룩하고
발 걸음도 신이 나셨다
맛있는 걸 많이 샀나 보다

허리 굽은 할머니의 뒤에서
뚜껑 없는 냄비를 든 꼬마가
살살 걷는 걸로 봐서는
순댓국집 아줌마가 인심을 쓴 것 같다

왔다 갔다 하는 저 언니는
돈을 잃었나 사람을 잃었나
정신 놓고 울고만 있으면
찾을 수 없는 걸 모르나 보다

불 꺼진 시장통, 졸린 눈 비비며
일하러 간 아빠 엄마를 기다리던
아이는 스르르 잠이 든다

내일은 또 어떤 세상을 만날까요

고구마를 굽는 법칙

한 그릇에 담기지 않아
이리 굴리고 저리 굴리고
고구마 굽는 데에도
순서가 있고 법칙이 있네

많이 담으려면 큰 그릇을 사야 되고
그릇이 작으면 욕심을 줄여야 한다네

고구마 하나 구우면서
장자를 생각하다 그릇 태우고 나서야
먹을 때 먹는 것에 집중하고
구울 때는 굽는 것에 집중해야 한다는

아주 단순한 이치를 깨닫고
까만 고구마에 웃음이 나온다

검은 눈, 물

네가 생각나는 날에는
검은 눈이 내렸으면 좋겠어

내 그리움이 너에게 닿아
날 보며 빛났던 너의 두 눈에
잠시만 더 머물며
네가 얼마나 차가워졌는지를
알려 주고 싶어

너를 위해 기도하던 시간들이 멈춘
쓸쓸하고 허무한 날에
검은 눈물 삼키며
미워하지는 않겠다고 다짐했어

그리고 네가
생각나지 않을 때까지
걷고 걷고 또 걸어갈 작정이야

안경

눈물이 난다

눈이 나빠져서 그런가
감정이 약해져서 그런가

눈물이 많이 나네요
우리 딸, 나이 들어서 그런 거라고 하는데
그 말에 또 눈물이 나네요

왠지 그런 것도 같고
날이 추워서 그런 것도 같고
바람 불어서 그런 것도 같고
눈이 나빠져서 그런 것도 같고…

웃음이 난다

지나만 다니던 안경점에 들러
이런 저런 걱정을 늘어놓으니
안경 쓰면 해결된다고 한다
공연히 민망해져 헛 웃음이 나네요

이제 안경과 친구삼아 지내야겠어요

눈 꼴 시린 것도 봐주고
잘 못한 건 모른 척해주고
안 봐도 되는 건 눈감아 주고
꼭 살펴야 되는 건 놓치지 말고….

그렇게 작은 안경 쓰고
마음의 눈은 크게 떠야겠어요

검정 털신

겨울 멋쟁이는
미니스커트에 부츠는 신어 줘야 한다는
말도 안 되는 그 시절 유행 따라
잘난 척 뽐내며 새로 산 부츠 신고 나선 등굣길

멋 부리다 얼어 죽는다며
동네 입구까지 따라나선 우리 할머니
추우니까 집에 그냥 들어가시라고 손짓하다
빙판길에 보기 좋게 미끄러지려는데

어디선가 나타난 구원의 손
할머니의 차갑고 거친 손을 잡고
겨우 넘어지지 않고 용케 버틸 수 있었다
어디에서 그 힘이 나셨을까?

그렇게 할머니의 손을 잡고 언덕길 내려가면서
할머니 신발을 보았다
오래 신어 털이 빠진 고무신은 바닥이 닳아 있었다
스웨이드 갈색 부츠와 비교되는 할머니의 검정 털신

마을버스 타고 돌아오는 골목길에

연탄재가 뿌려져 있어서 다행이다 싶었는데
할머니의 재투성이 털신에 눈시울 붉어진다
돈 벌면 털신 하나 사드려야지 했는데

아파트 단지 얇은 눈길에도 소심 소심 걷다 보니
털신을 사드리지 못한 죄송함에 울컥해진다
키 크고 발 크신 할머니께서는 고무신 사실 때에도
이쁜 건 쳐다도 안 보시고 무조건 큰 것만 사셨는데

우리 할머니의 못생기고 큰 발을 내가 닮았다

꼭대기*

그렇게 불안한 까치 발로는
위를 쳐다보며
오래 서 있을 수 없어요.

두 발 동시에 뛰어서는
앞으로 나아갈 수 없어요
넘어질 뿐이에요

자, 한 발은 잘 버티고 서서
다른 한 발을 앞으로 뻗어야 해요
꿈과 욕심과 좌절과 오기로 만든
사다리를 타고 위로 올라가자고요

아래를 내려보지 말아요
떨어질까 두려워하지 말고
옆은 둘러봐도 돼요
누구라도 같이 가면 더 좋아요

꼭대기에는
내가 그리던 별도 있고
나를 밀어내는 손도 있어요

끝까지 잘 버티어 보자고요

애써 손을 찾지 말아요
남의 손일 수도 있지만
나의 손일 수도 있으니까
중요한 건 계속하는 거랍니다

*꼭대기 : '꼭 대학가기'의 줄임말로 '연기로 정상에
오르자'는 뜻을 가진 김지수 연기 아카데미 입시반의 반 이름

마지막 버스를 기다리며

마지막 버스를 기다리며
서 있는 사람들의
무표정을 읽는다

같은 처지에 있는
승객이 있어서 참 다행이라는
안도감이 스며든다

눈 대신 내리는 겨울비가
무사히 집에 갈 수 있게
도와 줘서 고맙고

막차를 몰고 온 버스 기사님이
천사로 보인다는 것도
알 수 있다

이만하면 괜찮다 싶으면서도
내일은 일찍 다녀야겠다는
혼잣말까지 다 보인다

아무도 웃지 않지만
누구도 울지 않는
밤은 그렇게 깊어만 간다

커튼콜

공연이 끝나고
커튼콜이 시작되면
기적 같은 일들이 벌어진다

전쟁을 하던 사람들이
무기를 버리고
죽은 사람이 살아나고
헤어진 연인이 다시 만나
서로의 손을 잡으니
관객의 박수소리 커진다

풀리지 않는 갈등이
상처받은 마음과
이별의 아픔이
밝은 조명 아래 사라진다

소설에도 없고 영화에도 없는
무대 위 커튼콜의 기적이
내 인생의 무대에도
일어나길 꿈꾼다

얼마나 신나는 일인가!!

지하철역에서

사다리 모양 철길 위로
햇빛 반 그늘 반, 그리움이 따라온다

거기 어디쯤 두고 온 마음은
불어오는 바람 따라
아주 멀리 날아갔음을 안다

멀리 날아간 그가
생각나는 것은 계절 때문이다
바라만 봐도 좋은 겨울 닮은 눈동자

1번 출구에는
초점 없는 사람들이 빠르게 스쳐간다

사람들 사이 어딘가에 있었을
수줍음 많던 너와 나는
인연 따라 멀어졌음을 안다

열차 뒤편을 바라보다
미움이 올라온다

안녕이라는 말 한 마디 못하고
어디론가 사라져 버린 그대가
나와는 상관없이 잘 살고 있을 테지만

역으로 다시 찾아온 것은
보고 싶어서가 아니다
마무리 짓지 못한 상황들이 엉켜 있어서
단지 그 실마리를 풀고 싶기 때문이었다

그러나 아무것도 할 수 없었다
모두가 움직이는 지하철역에서
혼자만 멈춰 서 있었다

겨울 그대 손을 꼭 잡고

바람이 매섭다
밤하늘, 구름에 가린 달빛은
마음을 흔들고

옷깃을 여민다
밤길, 동동거리는 발과 달리
맞잡은 두 손은 따뜻하고

고개를 흔든다
밤무대, 기타 치는 하얀 손가락은
부드러운 음악을 만들고

황홀하다
밤 노래, 부둥켜안은 여인은
차갑지만 뜨거워지고

날이 밝는다
밤 새벽, 헤어지기 싫은 연인은
그렇게 성숙해지고

계절이 지나간다
보내기 싫어도 가야 하는
겨울 그대 손을 꼭 잡고

십이월의 독백

우연히 올려다본
겨울 하늘은
파란 물감을 칠해놓아
흰 구름 없이 더 차갑다

일부러 내려다본
겨울 땅은
갈색 발자국 소리가 내는
마른 낙엽 냄새가 참 외롭다

조용히 걸어 본
겨울 놀이터에는
아이들 웃음소리는 없고
빈 그네의 쇠 냄새가 쓸쓸하다

지그시 쳐다본
그이의 푸른 눈동자는
주름이 늘고 근심이 깊으나
나를 보고 손 흔드는 모습에
정신이 번쩍 든다

어떤 이는 떠나고
누군가는 새로 오는 십이월
끝난 것 같지만 새로 시작하기에
또다시 설렌다

새롭지 않은 새로움, 낯설지 않은 낯섦, 그리고 응원의 메시지가 매력이다

민윤기
(시인, 문화비평가)

1

시는 일상의 삶을 낯설게 보는 가장 대표적인 영역이라면서 '낯설게 하기'라는 기법을 시창작의 제1조처럼 이야기하는 평론가들이 많다. 그들은 흔히 일상화되어 이미 친숙해졌거나 반복적으로 사용되어 참신하지 않은 사물이나 관념을 낯설게 함으로써 새로운 느낌을 갖도록 표현해야 한다는 것을 마치 율법처럼 주장하고 있다. 이는 시인이 자기만의 시선으로 세상 모든 것을 낯설게 보고 그것을 섬세하게 묘사하라는 주문이기도 하다.

한때 문예창작을 전공하는 대학생들이 성서처럼 읽었다는 『현대시작법』의 저자 오규원 시인은, 다람쥐 쳇바퀴 돌아가듯 반복되는 일상에 특별한 시각을 잊은 채 살아가고 있는 시인들을 향해 "문득 내가 잘못 살고 있다는 느낌, 그 느낌이/ 내 머리에 찬물을 한 바가지 퍼부"을 때가 찾아오는 것처럼 '낯선 표현'을 해야 한다"고 말했다.

'낯설게 하기' 기법은 러시아 형식주의자들이 처음으로 사용한 용어로, 일상화되어 있는 우리의 지각이나 인식의

틀을 깨고 사물의 모습을 낯설게 하여 사물에게 본래의 모습을 찾아 주는 데 그 목적이 있었다. 그런 점에서 보면 형식을 난해하게 하고 지각에 소요되는 시간을 연장시킴으로써 표현 대상이 예술적임을 의식적으로 경험하게 하는 양식인 셈이다. 궁극적으로 독자가 기대하는 상상력을 무너뜨려 새로운 양식을 태동시키자는 것이다.

그러나 시에서 '낯설게 하기'를 무슨 마술봉처럼 을러대며 시를 배우는 후배시인들에게 강요(?)하는 분들에 대해 "이제 꿈 깨실 때가 되지 않았느냐"고 말하고 싶다. 시 작품 자체의 구조와 조직만으로 따질 수 있는 문제가 아니라 그 시대의 문학적 관습과 그 시인의 관습, 그 시인의 일반적 관습과 그 작품만의 관습, 다시 그 작품을 지배하는 일반적 질서와 어느 한 부분의 일탈 같은 '보편성:특수성' '친숙함 :낯설음' 등의 기준에 의해 결정된다는 '낯설게 하기'는 한국시에서 자생한 용어도 아니다. 러시아 형식주의자들이 주장했고 그를 추종한 평론가라는 분들이 퍼뜨린 표현 기법이다. 이를 마치 시창작의 기본이라도 되는 듯이 고상한 시인들, 문창과 교수들, 평론가들이 정론처럼 주장하고 있는데, 나는 생각이 다르다.

2

이른바 '낯설게 하기'라는 점에서 김지수의 시는 상당히 멀리 떨어져 있다. 시적 관심이 '낯설게 하'는 표현에 소홀하거나 숫제 그 굴레 안으로 비집고 들어가려고 억지로 노력하지 않아 보인다. 그런데도 나는 김지수의 시에서 아주 다른 매력을 발견하였다. 최근 한국 시의 경향이 되고 있는 난해함, 생경함, 소화되지 않은 사유라는 이름의 함정에

빠지지 않고, 특히 시를 평가할 때 전가의 보도처럼 휘둘러대는 의인법 은유법 같은 현란한 비유질을 하지 않는다.

    김지수 시인의 시적 매력은 한 마디로 시적 건강함이다. 특별히 새로워 보이지 않는 새로움이다. 여러 편의 시에서 보여주는 소박함=순수함=진정성의 연결고리가 꾸미지 않았는데도 느껴지는 것이 매력이다. 지난 2011년 경 수도권 지역 스크린도어 시를 관리하면서 시인들과 시민들의 시 수천 편을 살펴보면서 "그래 이 맛이지!" 하고 내가 감동한 시들과 김지수의 시들은 무척 닮아 있다. '닮았다'는 뜻은 흉내 냈다는 뜻이 아니다. 그 지하철 시 중에서 이른바 유명시인들이라는 분들, 문단과 언론에서 자주 오르내리던 시인들의 작품보다 일반 시민들의 시에서, 앞에서 말한 '낯설게 하기'와는 반대의, 늘 보아오고 자주 경험하고 매일같이 어울려 사는 사람들을 그린 시들이 낯익고 늘 보아 와 익숙한, 그래서 보편적 제재를 다룬 시의 세계가 독자와 더 가까이할 수 있다는 생각이 들었다.

    더욱이 김지수의 시는 '낯설게 하'지 않고도 '순수함=소박함=진정성=보편성'의 네 가지 매력 외에도 거의 모든 시에서 발견되는 메시지가 독자에게 스며드는 힘이 있다. 그 메시지는 바로 이 시대를 함께 살고 있는 독자들에게 응원과 동행의 뜻을 담고 있다. 관념적이고 꼰대 스타일의 일방적 응원이 아니라 동참과 동감을 유도하는 마치 손을 잡아 주는 듯한 친근한 메시지여서 좋은 것이다.

3

    이 시집에 수록된 77편의 시를 전수 분류해 보았다. 김지수 시인이 과연 어떤 사람, 또는 어떤 문제에 관심을 갖고 시를 쓰는지 살펴보기 위해서다.

01. 응원	시로 쓰면/ 혼자가 아니야/ 푸른 노래/ 오지랖/ 꽃잎 편지/ 파이팅/ 운수 좋은 날/ 누구에게나 비는 내리고/ 아름다운 손/ 나무 의자/ 그대여/ 시장통 아이/ 꼭대기/ 겨울, 그대 손을 꼭 잡고(14편)
02. 나	열꽃/ 오늘은 내가 주인공이 된다/ 자화상/ 푸른 오감/ 반창고/ 달 하나 갖고 싶다/ 바람을 모으는 여자/ 목멱산의 연인/ 어른은 금지/ 바로 나/ 검은 눈, 물(11편)
03-1. 일상	국수/ 택배/ 수제비/ 빙빙빙/ 운수 좋은 날/ 옥수수/ 물 없는 커피/ 마지막 버스를 기다리며/ 지하철역에서(9편)
03-2. 꽃	꽃다발/ 설연화/ 틈/ 목련/ 꽃멍/ 노란 웃음/ 봉숭아/ 그리움을 담다/ 모과(9편)
05. 사회	뺄셈/ 때문에/ 코끼리의 새의 깃털 무게/ 한글 줍다/ 어른은 금지/ 깡통을 찬다/ 타화상/ 고구마를 굽는 법칙(8편)
06. 계절	우수/ 여름나비/ 여름날의 기도/ 낙엽/ 가을 수선집/ 찬바람이 불면/ 12월의 독백(7편)
07-1. 봄	종로의 봄/ 비빌 언덕/ 봄바람/ 꽃잎 편지/ 봄날은 간다/ 이스랏(6편)
07-2. 가족	가족의 향기/ 엄마와 시/ 수제비/ 소녀의 편지/ 안경/ 검정 털신(6편)
09-1. 사람	뒷모습/ 비빌 언덕/ 보기만 해도 기분이 좋아/ 여유를 파는 데 어디 없나요/ 운동화(5편)
09-2. 풍경	눈사람/ 푸른 노래/ 흐린 날/ 물 없는 커피/ 영국사 은행나무여행(5편)
10. 직업	정동 극장/ 선생님 별로예요/ 커튼콜(3편)

앞의 도표를 보면, 금방 김지수 시인의 관심사가 한눈에 파악된다. '응원'하는 메시지를 담은 시가 가장 많았다. 그 다음은 시인 자신에 대한 '나'가 2위, 7위인 '가족'에 대한 시를 포함하면 사실상 1위이다. 또한 매일같이 반복되는 생활 속에서 발견한 '일상'이 3위라는 점이 눈길을 끈다. 이 점은 김지수 시인이 일상적 삶을 살아가고 있는 일반 시민들과 다름없는 시민이라는 점을 말하는 징표이다. 나 자신과 가족, 직업과 관련된 동료들, 여성시인들이라면 거의 누구나 관심을 갖고 있는 꽃과 봄과 계절, 풍경을 제재로 한 시에서부터 우리가 처해 있는 사회에 대한 시에 이르기까지 시인은 특별한 데 한두 곳에 관심이 편중되지 않다는 점을 알 수 있다.

이 분류표에서 가장 주목되는 점은 '응원'이라는 제재를 가장 많이 쓰고 있다는 점이다. 이는 시를 통해 보내는 김지수 시인의 주제가 어떠리라는 것을 쉬 짐작하게 한다. '응원' 카테고리 뿐만 아니라 다른 작품들에도 작건 크건 동료와 가족, 선후배, 함께 세상을 살아가고 있는 이웃에 대해 응원하고 격려하는 메시지가 거의 모든 작품에 스며 있다. 그러나 깃발을 들고 선봉에 서서 응원하는 큰 목소리 대신 곁에서 낮은 목소리로 응원하고 격려하듯 보내고 있다.

4

공연이 끝나고
커튼콜이 시작되면
기적 같은 일들이 벌어진다

전쟁을 하던 사람들이

무기를 버리고
죽은 사람이 살아나고
헤어진 연인이 다시 만나
서로의 손을 잡으니
관객의 박수소리 커진다

풀리지 않는 갈등이
상처받은 마음과
이별의 아픔이
밝은 조명 아래 사라진다

소설에도 없고 영화에도 없는
무대 위 커튼콜의 기적이
내 인생의 무대에도
일어나길 꿈꾼다

얼마나 신나는 일인가!!
-김지수, 〈커튼콜〉 전문

별을 포탄삼아 쏘아댄다면
세계는 밤에도 빛날 테고
사람들은 모두 포탄이 되기 위해
줄을 서서 차례를 기다릴지도 모릅니다
세계의 각종 포탄이
모두 별이 된다면

세계의 각종 포탄이 모두 별이 된다면

그러면 전 세계의 시민들이
각자의 생일날 밤에
멋대로 축포를 쏜다 한들
나서서 말릴 사람이 없겠지요

총구가 꽃의 중심을 겨누거나
술잔의 손잡이를 향하거나
나서서 말릴 사람이 없겠지요

세계의 각종 포탄이 모두 별이 된다면
그러면 전 세계의 시민들이
각자의 생일날 밤에
멋대로 축포를 쏜다 한들
나서서 말릴 사람이 없겠지요

(이하 생략)

-이세룡, 〈세계의 포탄이 모두 별이 된다면〉 일부

"전쟁을 하던 사람들이/ 무기를 버리고/ 죽은 사람이 살아나고/ 헤어진 연인이 다시 만나/ 서로의 손을 잡으니/ 관객의 박수소리 커진다// 풀리지 않는 갈등이/ 상처받은 마음과/ 이별의 아픔이/ 밝은 조명 아래 사라진다"는 김지수 시인의 〈커튼콜〉을 읽으면서 나는 오래 전부터 한국 시단의 전설이 된 이세룡 시인의 〈세계의 포탄이 모두 별이 된다면〉을 떠올렸다. 인류의 역사는 전쟁의 역사라고 해도 될 만큼 끊임없는 전쟁을 겪어왔다. 서로 정의를 부르짖으며 무기를 개발해서 자신들이 '정의'이고 적국의 국민들은 "적'이라는 프레임을 씌워 총을 쏘아대고 포와 미사일을 발사하는 게 인류의 역사다. 이처럼 문명의 시대에 야만의 세계는 항상 공존했던 것이다. 어느 나라든 인간의 생명보다 귀한 것이 없다고 배웠지만 전쟁은 생명 따위 전혀 귀하게 여기지 않는다.

이 당혹스러운 문명 현상을 이세룡 시인이 <세계의 포탄이 모두 별이 된다면>이라는 시를 썼다면 김지수 시인은 (전쟁과 경우는 다르지만) 공연장 '무대'에서 한 편의 연극이 끝났을 때 '커튼콜'을 외치는 동안 극 중에서 무기를 들고 전쟁하던 배우들이 "죽은 사람이 살아나고/ 헤어진 연인이 다시 만나/ 서로의 손을 잡으니/ 관객의 박수소리 커진다"고 쓰고 있다. 잔인한 무기가 별이 되는 이세룡 시인의 상상과 희망을 따라가다 보면 독자는 행복감을 느끼게 되고 전쟁과 무기를 버리고 헤어졌던 연인이 두 손을 다시 잡는 장면에 박수를 치는 관객이 되면서 돌아온 현실이 행복해질 거라는 상상이 비슷한 것이다. 우크라이나와 러시아 전쟁과 하마스와 이스라엘 전쟁이 지속되고 있는 지금 매우 기쁘고 매우 슬픈 시다.

이세룡 시인과 김지수 시인의 시 한 편을 더 소개한다.

오늘은 되는 일이 하나도 없었다
기분 안 좋아 땅만 보고 걷다가
눈이 커졌다
눈사람을 만났다
-김지수, <눈사람>

감옥 속에는 죄인들이 가득하다
머리통만 커다랗고
몸들이 형편없이 야위었다
세계를 불태우려고

기회를 엿보는 어릿광대들
물 한 모금 마시지 못하고
일생을 감옥에서 보낸다
-이세룡, 〈성냥〉 전문

김지수 시인의 〈눈사람〉의 매력은 "눈사람을 만났다" 그래서 "눈이 커졌다"가 아니라 "눈이 커졌"기 때문에 "눈사람을 만났다"는 데 있다. 되는 일도 하나 없고 기분이 안 좋아 땅만 보고 걷던 화자의 불행이 한순간 눈사람을 만남으로써 해소되는 하루의 기적을 그린 시다. 반면에 이세룡 시인의 〈성냥〉은 작은 사각형 상자 속에 갇힌 죄수 같은 성냥이 일생을 성냥곽이라는 감옥 속에서 보낸다는 시다. 〈성냥〉에 대해 이문재 시인은 "성냥은 아날로그의 마지막 아이콘이다. 성냥처럼 시대의 뒤켠으로 사라진 것들이 있다. 원기소, 풍금, 타자기, 연필 깎는 칼, 시내버스 차장, 무전여행, 닭곰탕, 피카소 파스, 레이션박스, 전당포, 영웅만년필, 이소룡, 가리방…. 어설픈 지성과 비판이 미처 보지 못한 아까운 시다. 성냥갑 속의 불온한 죄인들, 그들의 갈증과 기회를 가둔 감옥"라고 이세룡 시인과 성냥을 그리워하는 평을 했다. 김지수 시인의 〈눈사람〉도 어쩌면 성냥이 아날로그 시대의 마지막 아이콘인 것처럼 눈사람도 아날로그 시대의 마지막 아이콘일지 모른다. 눈 내리는 지금 눈사람을 만들겠는가. 아마도 김지수 시인의 〈눈사람〉은 앞으로 아날로그 시대의 그리운 아이콘처럼 많은 사람들에게 회자될 날이 올 것이라는 예감이 든다.

5
　김지수 시인은, 약력에서 알 수 있듯이, 시인으로 데뷔

하기 전에는 20년 동안 연기 아카데미학원 원장으로 연기 지도를 한 경력이 있다. 이 기간에 지도한 제자 중에는 현재 K-드라마와 K-영화를 이끌고 있는 한류의 주역들도 적지 않다. 지금도 대학에서 제자들에게 연기를 가르치는 한편 K-콘텐츠 비즈니스 연구를 계속하고 있다. 그래서 이 작업의 체험을 담은 시를 여러 편 수록하고 있다. 알다시피 연극 영화 같은 작품에서는 배우의 재능에 따라 엑스트라, 단역, 조연, 주연 등을 맡게 되는데, 연기자라면 누구나 주연배우가 되고 싶어 할 것이다. 엑스트라를 거쳐 단역, 조연을 거쳐 주연으로 한 단계 한 단계 발전하는 배우가 있는가 하면 단박에 주연으로 캐스팅되는 행운의 배우도 있을 수 있다.

이 시집의 표제로 〈오늘은 내가 주인공이 된다〉로 정한 것도 김지수 시인의 직업을 표현하자는 이유에서다. "언제 등장하는지/ 모르고 나타난 무대 위/ 초보 배우인양" 조심스러운 배우에게 "네가 주인공이야/ 속삭여 주는 바람의 응원에" 오랫동안 대사를 연습하고 내 세상 만난 듯 춤추고 노래 부르는 제자를 키우는 보람을 느끼고 싶은 연기지도 선생의 마음을 나타내려는 의도다.

언제 등장해야 하는지
모르고 나타난 무대 위
초보 배우인 양

당황한 얼굴에
하얀 분칠을 해주며
네가 주인공이야
속삭여 주는 바람의 응원에

오랫동안 연습해 왔던
대사를 멋지게 표현하고
춤추고 노래 부르며
내 세상을 만난 듯

오늘은 내가 주인공이 된다
-김지수, 〈오늘은 내가 주인공이 된다〉 전문

김지수 시인의 연기지도가 전에 유학 와서 배운 제자들 사이에서 소문이 나 지금은 중국 대만 일본을 비롯한 아시아 여러 나라 유학생들이 꽤 많다. 〈선생님 별로예요〉는 그 경험을 쓴 시다. 아직 한국어가 익숙하지 않아 말이 서투른 제자들과 대화할 때 그들이 사용하는 어눌한 한국어에 대한 시인데, 앞 연은 서투른 한국어, 뒷연은 그것을 친절(?)하게 바로잡았다. "선생님별로예요." 해서 깜짝 놀랐는데 여기서 '별로예요'는 '별이에요'란 뜻이어서 슬며시 미소가 지어진다.

간사합니다
미어합니다
선생님 별로예요

중국 유학생들의 말은
들리는 대로 보지 말고
보이는 대로 들어 주세요
말은 서툴러도 뜻은 진심입니다
눈빛은 마음을 담아
손짓 발짓으로 표현하니까요

(중략)

감사합니다
미안합니다
선생님은 우리의 별이에요
학생들은 우리의 꿈이에요
-김지수, 〈선생님 별로예요〉 전문

속이 상해
고개 떨구며
걷던 길에

돌 틈 사이에서
만난
작은 풀 잎

잎도 있고
꽃도 피고
있을 것 다 있네

내 마음속
좁은 틈에도
꽃씨 하나 들어오길~
-김지수, 〈틈〉 전문

혼자 비 맞는다고
슬퍼하지 마세요
힘들어하지 마세요

내가 우산이 되어줄게요

더운 날엔 부족하지만
양산으로도 사용하세요

비가 오나
눈이 오나
햇빛이 강하나

내가 우산이 되어줄게요
-김지수, 〈누구에게나 비는 내리고〉 일부

'틈'이라는 단어는 긍정적인 뜻보다는 부정적인 뜻으로 자주 사용된다. 무엇인가 상태가 나빠졌을 때의 그 원인이 '틈' 때문이라고 보는 경우다. 그런데 김지수 시인은 '틈'에서 "내 마음 속/ 좁은 틈에도/ 꽃씨 하나 들어오길" 소망하고 있다. 그 틈이 하도 작아 '희망'의 모습이 보이지 않더라도 시인은 '꽃씨' 하나 들어올 것을 기다리고 있다는 메시지를 던진다. 〈누구에게나 비는 내리고〉 역시 우울해지기 십상인 비 내리는 날의 풍경을 불러와 "비가 오나/ 눈이 오나/ 햇빛이 강하나// 내가 우산이 되어줄게요// 나를 놓치지 말아요/ 나를 잃어버리지 말아요"라고 응원의 메시지를 던지고 있다.

a. 나는 아빠의 시큼한
땀 냄새가 좋다
따뜻해서 참 좋다

b. 앞치마에 손을 닦으신다
나는 엄마의 음식 밴
쿰쿰한 음식 냄새가 좋다
행복해서 참 좋다

c. 낡은 사진 속 아버지의 얼굴은
하얗게 바랜 얼굴로 웃고 있다
가만히 사진 냄새를 맡아 본다
아무 냄새가 나지 않는다
울컥해서 눈물이 멈추지 않는다
아주 오랫동안 그렇게
가족의 냄새는
눈물의 향기가 되었다
-김지수, 〈가족의 향기〉 일부

    가족에 관한 시는 많지 않다. 아마 아버지가 돌아가셔서 아버지에 대한 시는 〈가족의 향기〉 한 편, 엄마에 관한 시는 〈엄마의 시〉 정도다. 어머니 역시 건강 문제로 입원을 하셨던 모양이다. 비록 한두 편에 지나지 않지만 〈아버지의 향기〉는 눈물이 난다. 김지수 시인이 부모님을 연상하는 건 냄새다. '시큼한 땀냄새'의 아버지, '쿰쿰한 음식 냄새'의 어머니처럼 부모님을 냄새로 기억하며 생전 부모님과 함께 했던 때를 추억하며 행복해한다.

6

심각한 일이야
생각을 빼봐. 가벼워진다

복잡해서 힘들어
감정을 빼봐. 쉬워진다

불편하잖아
마음을 빼봐. 편해진다

싸워야겠어
편견을 빼봐. 이해된다

할 말은 해야겠어
말을 빼봐. 내 편이 생긴다

놓치고 싶지 않은 누군가가 생기면
뺄셈이 더 낫다는 것을 알게 된다
-김지수, 〈뺄셈〉 일부

누가 더 가벼울까요
코끼리와 새의 깃털 중에

아니
미워하는 사람과
미움 받는 사람 중에

사랑하는 사람과
사랑받는 사람 중에

용서하는 사람과
용서하지 않는 사람 중에

아무도 가볍지 않을 것 같아요
자기 몫의 무게가 있을 테니까

코끼리와 새의 깃털이
그리고 우리의 삶의 무게가
더 무거워지지 않길 기도해도 될까요
-김지수, 〈코끼리와 새의 깃털의 무게는 같다〉

〈뺄셈〉〈코끼리와 새의 깃털 무게는 같다〉 두 편을 통해 김지수 시인의 삶의 지혜를 엿볼 수 있겠다. 아니다. 김지수 시인에게서 세상사는 힌트를 얻는다는 말이 더 적확하겠다. 인생의 행복은 '덧셈'이라는 게 정설인 듯 한데 김지수 시인은 오히려 뺄 것을 주장한다. 심각할 때는 '생각'을, 심란해서 복잡할 때는 '감정'을, 불편하면 '마음'을, 싸워야 할 일이 있을 때는 '편견'을, 할 말이 있을 때는 '말'을 빼자는 것이다. 어떤 명의도 제시하지 못한 김지수 시인다운 단순+명쾌+명료한 처방이다.

〈코끼리와 새의 깃털 무게는 같다〉는 철학에 가까운 생의 논리가 돋보인다. "미워하는 사람=미움 받는 사람" "사랑하는 사람=사랑 받는 사람" "용서하는 사람=용서하지 않는 사람"으로 대비되는 두 사람의 무게 중에 어느 한 쪽이 무겁거나 가볍지 않다는 것인데 그 이유는 두 사람 모두 "자기 몫의 무게"를 지닌 저울 때문이라고 기막힌 논리를 제시했다.

7
김지수 시인의 시의 매력에 대해 설명을 마무리하고 이제 총정리를 해야겠다.

맨 처음 김지수 시의 매력으로 언급한 '새롭지 않은 새로움'과 '건강함', 그리고 '낯설지 않은 친숙함'과 '보편성' 등의 매력 외에도 이건 마치 축구경기에서 마지막 1분을 남기고 터지는 극장골과 다름없는 최대의 매력 한 가지를 빼놓을 뻔했다. 그것은 바로 김지수의 시에서는 "소리가 들린다"는 점이고 "시적 전경이 보인다"는 점이다. 현재 한국시단에서 활약하는 수많은 시인들 중에 이 두가지 강점을 가진 시인은 별로 없다. 거의 모든 시들이 묵음 상태로 가라앉아 있다. 가라 앉아 있을 뿐만 아니라 그 묵음 상태를 어떻게든 멋진 레토릭을 동원하여 분칠하기까지 한다. 따라서 김지수 의 시에서 들려오는 단순하고 소박한 시적 응원의 목소리는 힘들고 어려운 세상을 힘차게 헤쳐 나가는 독자들과 함께 흔드는 응원봉 같은 역할을 하리라고 믿는다.

축하의 말

고용석
(시인, '월간시인' 편집장)

김지수 시인은 긍정을 불러 모으는 행복 전도사다. 또 그녀는 사람들의 숨소리가 잦아들면 상상의 문을 열고 가슴 뛰는 감정을 객석에 전하는 연출가요 연기를 가르치는 교수님이기도 하다. 그녀가 오랜 망설임 끝에 첫 시집『오늘은 내가 주인공이 된다』를 낸다. 자잘한 일상을 긍정적인 마음으로 헤아려 보듬는 그녀의 시가 많은 이들에게 온기를 주었으면 좋겠다.

그녀의 시는 솔직하고 유쾌할 뿐만 아니라 타인에 대한 '베풂'이 깊게 자리 잡고 있어 따뜻하고 올곧다. 평소 모습 그대로다. "외로움에 배고픈 그대에게 국수 한 상 차려주고 싶네"(<국수>), "우리의 하루하루가 괜찮은 봄날이길 바랍니다"(<오지랖>), "가을을 수선하면서 기쁨은 덧대고 슬픔은 꿰매고 고통은 나눈다"(<가을 수선집>) 등의 시 구절을 보더라도 읽는 이들에게 그것을 짐작하게 한다.

시집 출간을 통해 더 안아 주고, 더 이해해 주고자 애쓰는 시인의 마음이 온전히 독자에게 전해지기를 바란다. 시인의 시를 빌어 응원의 말을 전한다. "참 잘하고 있다고, 참 열심히 하고 있다고, 큰 박수를 쳐 준다"고.

홍찬선
(시인, 전 머니투데이 편집국장)

시인은 스스로 겪은 삶을 시로 써서 아픈 세상을 위로합니다. 시가 있어 고달픈 삶에서도 노래가 흐르고, 시인이 있어 슬픔의 고통 속에서도 웃음꽃이 피어납니다. 시인이 시를 쓰는 이유입니다.

김지수 시인의 첫 시집 『오늘은 내가 주인공이 된다』는 시와 시인의 존재이유를 잘 보여줍니다. 단국대 음악공연예술학부 연극과 초빙교수와 김지수 연기아카데미 원장으로 수십 년 동안 연기지도 해오면서 학생들과 나눈 삶을 진솔한 시어로 풀어 놓았습니다. "오랫동안 연습해 왔던/ 대사를 멋지게 표현하고/ 춤추고 노래 부르며/ 내 세상 만난 듯/ 오늘은 내가 주인공이 된다"(<오늘은 내가 주인공이 된다>)는 것입니다.

"간사합니다/ 미어합니다/ 선생님 별로예요"라고 들어도 "감사합니다/ 미안합니다/ 선생님은 우리의 별이에요"(<선생님 별로예요>)라고 새기는, 따뜻한 마음이 있어 "구멍 난 것은 깁고/ 망가진 것을 고치고/ 구겨진 것은 펴고/ 젖은 것들을 말리고// 가을을 수선하면서/ 기쁨은 덧대고/ 슬픔은 꿰매고/ 고통은 나눈다"(<가을 수선집>)는 넓고 깊은 가슴으로 아픈 세상을 품습니다. 그에 따라 "힘든 만큼 기쁨은 두 배가 되고/ 참은 만큼 결실은 열 배가 되고/ 익은 만큼 보람은 백 배가 되"(<모과>)는 인생 법칙을 깨닫습니다. "혼자 비 맞는다고/ 슬퍼하지 마세요/ 힘들어하지 마세요// 내가 우산이 되어줄게요"(<누구에게나 비는 내리고>)라는 따뜻한 마음이 있기 때문입니다.

"하고 싶은 말이 많은/ 그대의 허한 속을/ 든든하게 채워주고 싶어"(〈국수〉) 시를 쓰는 김지수 시인은 "종로의 봄을/ 깨우기 위해서는/ 꽃샘바람이 거세게 불어와도/ 서로 맞잡은 손을 놓지 말고/ 함께 걸어가야 된다"(〈종로의 봄〉)고 다짐합니다. "지나가는 바람결에/ 잘 지내나요 소식 전하고// 부드러운 꽃길 걸으며/ 건강하세요 기도하고// 다정하게 걸어가는 연인들의 뒷모습에/ 내년에 같이 걸어요 고백한다"(〈꽃잎 편지〉)는 편지도 씁니다. "행복한 사람은/ 상처가 없는 것이 아니라/ 상처는 많지만 스스로/ 치유할 줄 아는 사람"(〈운동화〉)이라는 것을 아는 덕분입니다.

"치아 사이에 붙은/ 달달한 가루를 녹이는 동안/ 다시 버틸 힘이 생긴다// 물 없는 커피를 먹는다고/ 덤덤해지지 않는다/ 인생의 물기도 마르지 않는다/ 그저 참아내는 수밖에 없다"(〈물 없는 커피〉)고 다짐하는 시를 읽는 독자들은 빙그레 미소를 지을 것입니다."

시를 쓰면서 웃다가 울다가 참, 행복했다"는 김지수 시인의 첫 시집 출간을 축하합니다.